Sonja Esbensen

Kunststrik

II

Forlaget Akacia

En stor tak til mine trofaste hjælpere

Ruth, Asta, Bodil og Hanne

som har hjulpet mig med at strikke
modellerne op.

Mangler du hjælp til mønstrene i bogen kan jeg kontaktes på
nedenstående numre, men jeg taler _kun_ dansk.

Sonja Esbensen
Tlf & fax: +45 86 880 377

© 2001 Forfatteren og
Forlaget Akacia
Skovvænget 1
DK-5690 Tommerup
Danmark
www.akacia.dk
akacia@akacia.dk

Foto: Poul Erik Nikolajsen

Tryk: Hjordkær Offset-tryk, Rødekro, 2001

ISBN: 87-7847-031-5

Forord

Jeg havde den store sorg at miste min gode veninde Anna Rasmussen kort tid efter at den første bog var udgivet. Anna samlede i mange år på kunststrik, og efterlod sig et stort materiale som det var hendes ønske, at andre også skulle havde glæde af. Denne bog indeholder derfor mange mønstre, som jeg har fundet i hendes skuffer og gemmer.

Vi har gennem årerne fået et utal af opskrifter af ældre mennesker der har kendt til vores interesse for kunststrik. Disse gamle opskrifter, der tit er håndskrevne, har ikke været strikket i mange år, og da der kun meget sjældent er billeder med af modellerne er det spændende at se hvordan de faktisk ser ud. Det er ofte tydeligt at det er andre mønstre der har ligget til grund, men folk har ladet sig inspirere og ændret dele af mønsteret så der er opstået helt nye spændende varianter.

Jeg håber at denne bog vil hjælpe med til at bringe ny ære og værdighed til disse gamle hånd-skrevne mønstre.
Jeg håber også at det bliver til mange fornøjelige timer for alle der laver kunststrik.

Rigtig god fornøjelse.

Sonja

Materialer

Alle modeller i bogen er strikket med DMC Babylo nr. 10, 20 og 30.

Der er anvendt almindelige strikkepinde; både strømpepinde og rundpinde. Strømpepindene må gerne være korte, da det gør det lettere at slå maskerne op. Til de store modeller er der anvendt rundpinde på op til 1 meter i længden.

Modellernes størrelse kan ændres ved at anvende tyndere eller kraftigere garnet. Husk at ændre pindene tilsvarende.

Det er altid en god ide at lave en strikkeprøve før arbejdet påbegyndes.

Mønsterlæsning

For at gøre mønstrene så let læselige som muligt, er de alle sat med tegn. Der er kun vist en mønster-rapport i hver omgang. Rapporten gentages omgangen rundt.
På de næste sider finder du en beskrivelse af de enkelte tegn og en forklaring på hvordan mønstrene læses.

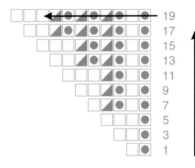

Mønstrene læses som de strikkes: nede fra og op, og fra højre mod venstre.

I nogle mønstre har det været nødvendigt at skrive enkelte omgange over flere linier. Her gælder samme princip: mønsteret læses nede fra og op, og fra højre mod venstre, blot med den undtagelse, at omgangen forsætter på linien ovenover - se tegningen.

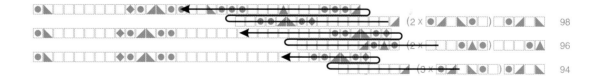

Husk: de omgange, der ikke er nævnt i mønsteret, <u>strikkes ret</u>.

Mønstervejledning

Følgende tegn er anvendt til beskrivelse af mønstrene:

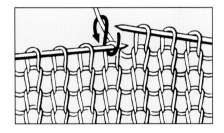 □ = ret

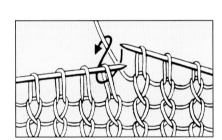 ⊟ = vrang

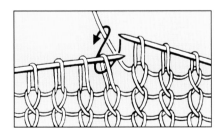 ◆ = drejet ret

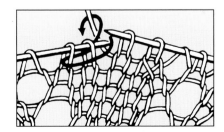 ◢ = 2 ret sammen

△3 △4 △5 △6 = Tallet i tegnet, er det antal masker, der skal strikkes ret sammen.

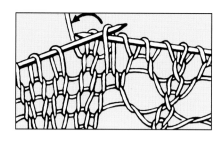 = 1 maske løs af, 1 ret, træk den løse maske over.

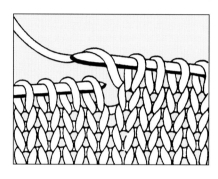 = Slå om.
På ret omgangen strikkes ret.

= Slå om to gange.
Der strikkes kun èn maske af de to omslag i ret omgangen.

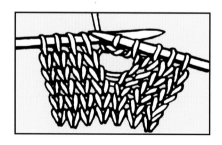 = Slå om to gange.
Der strikkes 1 ret, 1 vrang i ret omgangen.

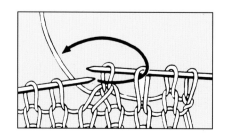 = 1 maske løs af, 2 ret sammen, træk den løse maske over.

∩ = 1 maske løs af, 3 ret sammen, træk den løse maske over.

▼ = 2 masker løs af, 2 ret, træk de løse masker over.

◀ = 3 masker løs af, 2 ret, træk de løse masker over.

▶ = 5 masker løs af, 5 ret sammen, træk de løse masker over.

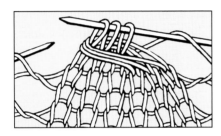

⇄ = 3 masker løs af, strik 3 ret og træk de løse masker over.

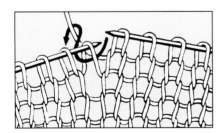

∪ ② ③ ④ ⑤ = Strik 1, 2, 3, 4 eller 5 masker af lænken mellem 2 masker fra forrige omgang.

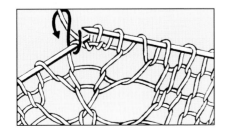

② ③ ④ ⑤ ⑥ ⑦ ⑧ = Strik det viste antal masker i samme maske. Skiftevis ret og vrang.

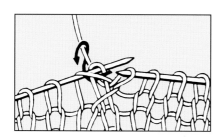

= Kryds 2 masker til venstre; strik anden maske som en almindelig ret, derefter første maske også som en almindelig ret, og lad begge masker glide af pinden på én gang.

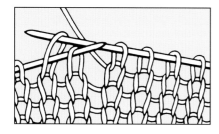

= Kryds 2 masker til højre; strik anden maske som en drejet ret, derefter første maske som en almindelig ret, og lad begge masker glide af pinden på én gang.

M = Forkortelse for masker.

X = Gangetegn. Tallet til venstre for X viser hvor mange gange mønsteret skal gentages.

← M = Omgangen startes med at flytte 1 maske fra højre mod venstre. Står der et tal (f.eks. ←3M) skal der flyttes 3 masker.

→ M = Omgangen startes med at flytte 1 maske fra venstre mod højre. Står der et tal (f.eks. →3M) skal der flyttes 3 masker.

★ = „Note". Står nærmere beskrevet ved selve mønsteret.

( ) = Mønsterrapport der gentages.

←□→ = Masken mellem pilene gentages hele omgangen rundt.

Sådan begynder du

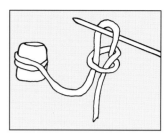

1. Første maske dannes ved at slå en løkke på garnet og sætte den på pinden.

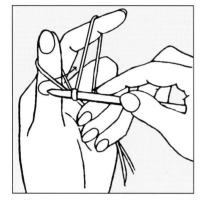

2. Før strikkepinden under tommelfingergarnet.

3. Hent pegefingergarnet med pinden. Anden maske ligger nu på pinden.

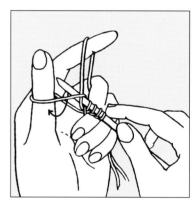

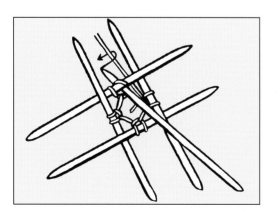

4. Tegningen viser strikningen af første maske på anden omgang.

5. Ved arbejdets begyndelse er det en god ide at lade en tråd i en anden farve følge med op, så den markere omgangens begyndelse.

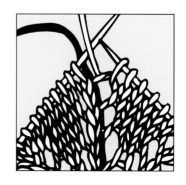

Sådan afslutter du

Aflukning

Løs aflukning. Hvis man strikker stramt er det en fordel at lukke af med en pind som er et halvt nummer større end dem der er brugt til arbejdet. Derved undgås det at kanten bliver stram.

Afhækling

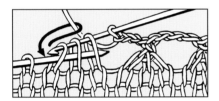

På modeller med hæklet kant er fremgangsmåden på afhækling beskrevet med tal. Tallene angiver antallet af masker der hækles sammen og antallet af luftmasker der imellem.
Modellen på tegningen vil således være beskrevet som:
3 masker sammen med 4 luftmasker imellem.

Vaskeanvisning

Det færdige arbejde vaskes grundigt for at få så meget af appreturen som muligt ud af garnet, ellers kan det ikke modtage stivelsen så godt.
Jeg bruger en kartoffelmelsstivelse, som laves på følgende måde:
Rør ca. 1 teskefuld ud i koldt vand. Kom herefter kogende vand i og rør det grundigt igennem. Det må ikke være for tykt. Lad det køle af; det skal kun være hånd varmt. Skyld dernæst strikketøjet i stivelsen og klem det godt igennem i stivelsen et par gange, så stivelsen trænger godt ind i garnet. Tilsidst klemmes det godt af i et rent klæde, og nu er strikketøjet parat til at blive spændt ud. HUSK at bruge rustfrie knappenåle.

Udspænding

For at det færdige arbejde kan præsentere sig bedst muligt, skal det vaskes og spændes ud.
I de fleste tilfælde er det en stor hjælp, eller rettere en nødvendighed, med en skabelon til at sikre, at det færdige arbejde får den rette facon.
Skabelonerne laves på et stort stykke papir, hvor modellen tegnes op i den rette størrelse, og hvor det færdige arbejde spændes ud mens det stadig er fugtigt.
Tegn altid med en blyant. Blæk kan smitte af, ikke mindst på fugtige modeller, og kan være vanskeligt at fjerne igen.

Læg den fugtige model på skabelonen og spænd ud med <u>rustfrie</u> knappenåle. Udspændingen foretages så diagonalt som muligt - se tegningerne.

Skabeloner

Skabelonerne kan tegnes på pap og gemmes fra gang til gang.

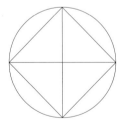

Runde skabeloner.
Tegn en cirkel i den rigtige størrelse, del den evt. i halvdele, fjerdedele og ottendele.

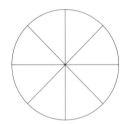

Firkantet skabelon.
Del cirklen i fjerdedele og tegn et kvardrat.

Sekskantet skabelon.
Tegn cirklerne som vist på tegningerne. Sekskanten opstår i midten.

1 2  3 4 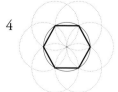 5

Bent I

Bent I

Afhækles således: 7-7-7-4-5-4-4-4-4-7-7 masker sammen
med 9 luftmasker imellem, derefter sammenhækles 7 masker
+ 1 fastmaske, 5 masker + 1 fastmaske.

Strikket i DMC Babylo nr. 20
Garnforbrug ca. 130 gr
Måler udspændt ca. 85 cm
1 sæt strømpepinde nr. 1.5
1 rundpind nr. 1.5 på 40, 60, 80 og 100 cm
1 hæklenål nr. 1.25

203
201
199
197
195→1M
193
191
189
187
185
183
181→1M
179
177
175
173
171
169
167
165→1M
163
161
159
157
155
153
151
149→1M
147→1M
145
143
141
139
137
135
133
131
129
127→1M
125
123
121
119
117
115
113
111
109
107
105
103
101

Bent I *forsat ...*

Slå 8 masker op og strik 1 omgang ret.
Alle ikke nævnte omgange strikkes ret.

Stefan

Afhækles således: samhækkel 4-3-4-3 masker
med 7 luftmasker imellem.

Stefan
Ricki
Nick

Strikket i DMC Babylo nr. 20
Garnforbrug ca. 10 gr
Måler udspændt ca. 22 cm
1 sæt strømpepinde nr. 1.5
1 rundpind nr. 1.5 på 40 cm
1 hæklenål nr. 1.25

← □ → 55
← □ → 54
← □ → 53 → 1 M
▲● (2 × ◣●) 3 ● (2 × ◢●) 51
◢ □ (3 × ◣●) □ ● (2 × ◢●) 49
◢ 3 (2 × ◣●) 3 ●◢● 47
◢ 5 (2 × ◣●) □ ●◢● 45
9 ● 3 ● 43
9 ● ● ● 41
● (4 × ◣●) □ ● (4 × ◢●) ◆ 39
● (3 × ◣●) 3 ● (3 × ◢●) ◆ 37
● (3 × ◣●) □ (4 × ●◢) ◆ 35
● (2 × ◣●) 3 ● (2 × ◢●) ◣◣ 33
● (2 × ◣●) □ (2 × ◢●) ◢ 2 ◣ 31
●◣● 3 (2 × ●◢) 4 ◣ 29
●◣● (2 × ●◢) 6 ◣ 27
● 3 ●◢ 3 ▨ 3 ◣ 25
□ ●◢ 3 ▨ 3 ◣ 23
●◢ 3 ▨ 3 ◣ 21
◢ 3 ▨ 3 ◣ 19
◢ 3 ▨ 3 ◣ 17
◢ 3 ▨ 3 ◣ 15
◢ 3 ▨ 3 ◣ 13
◢ 3 ▨ 3 ◣ 11
4 ▨ 4 9
▽◆ 7
← □ → 6
← □ → 5
← □ → 4
← □ → 3
← □ → 2
●◆ 1

Slå 8 masker op og strik 2 omgang ret.
Alle ikke nævnte omgang strikkes ret.

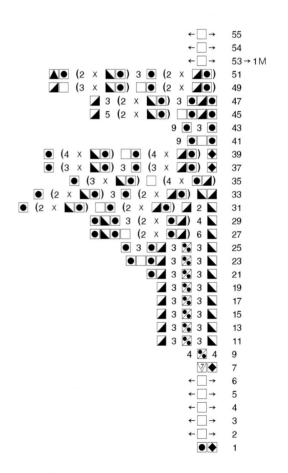

15

Bent II

Bent II

Afhækles således: 4-3-5-3-5-3-4-3 masker sammen med 7 luftmasker imellem.

Strikket i DMC Babylo nr. 30
Garnforbrug ca. 8 gr
Måler udspændt ca. 21 cm
1 sæt strømpepinde nr. 1.5
1 hæklenål nr. 1.25

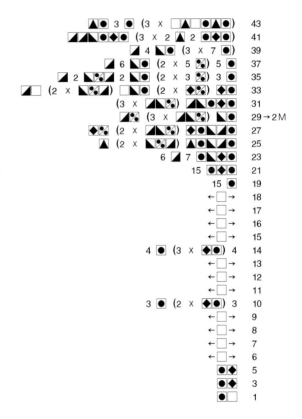

Slå 8 masker op og strik 1 omgang ret.
Alle ikke nævnte omgange strikkes ret.

Bertel

Bertel

Afhækles således: 5-3 masker sammen med 7
luftmasker imellem.

Strikket i DMC Babylo nr. 20
Garnforbrug ca. 12 gr
Måler udspændt ca. 23 cm
1 sæt strømpepinde nr. 1.5
1 rundpind nr. 1.5 på 40 cm
1 hækelnål nr. 1.25

60 → 1 M

▲ (3 x ●◣) ●□● (3 x ◢●)   59
(3 x ◣●) 3 (3 x ●◢) □   57
□ (3 x ◣●) □ (3 x ●◢) 2   55
2 (2 x ◣●) 3 (2 x ●◢) 3   53
3 (2 x ◣●) □ (2 x ●◢) 4   51
5 ● 3 ● 6   49
4 ◣● ●◢ 5   47
5 ●◆● 11 ●◆● 5 ◆   45
4 ●◆● 4 ▲ 4 ●◆● 4 ◆   43
3 ●◆● 3 ◢◣ 3 ●◆● 3 ◆   41
2 ●◆● 2 ◢ 3 ◣ 2 ●◆● 2 ◆   39
□ ●◆● ◢ 5 ◣ ●◆● ▲   37
●◆● ◢ 7 ◣●◆● □ ◣   35
● 11 ●◢ 3 ◣   33
4 ●◆● 4 ◢ 5 ◣   31
3 ●◆● 3 ◢ 7 ◣   29
2 ●◆● 13   27
□ ●◆● 12   25
●◆● 11   23
▲ 4 ●◆● 4   21
◢◣ 3 ●◆● 3   19
◢ 3 ◣ 2 ●◆● 2   17
◢ 5 ◣ □ ●◆●   15
◢ 7 ◣●◆ ●   13
11 ●   11
4 ●◆● 4   9
3 ●◆● 3   7
2 ●◆● 2   5
□ ●◆● □   3
● □ ●   1

Slå 6 masker op og strik 1 omgang ret.
Alle ikke nævnte omgang strikkes ret.

Chris

Chris

Afhækles således: 2-3-2-3-3-3-2-3-5-3-2-3-3-3-2-3-2-5 masker sammen med 7 luftmasker imellem.

Strikket i DMC Babylo nr. 30
Garnforbrug ca. 45 gr
Måler udspændt ca. 55 cm
1 sæt strømpepinde nr. 1.5
1 rundpind nr. 1.5 på 40, 50, 60 og 80 cm
1 hæklenål nr. 1.25

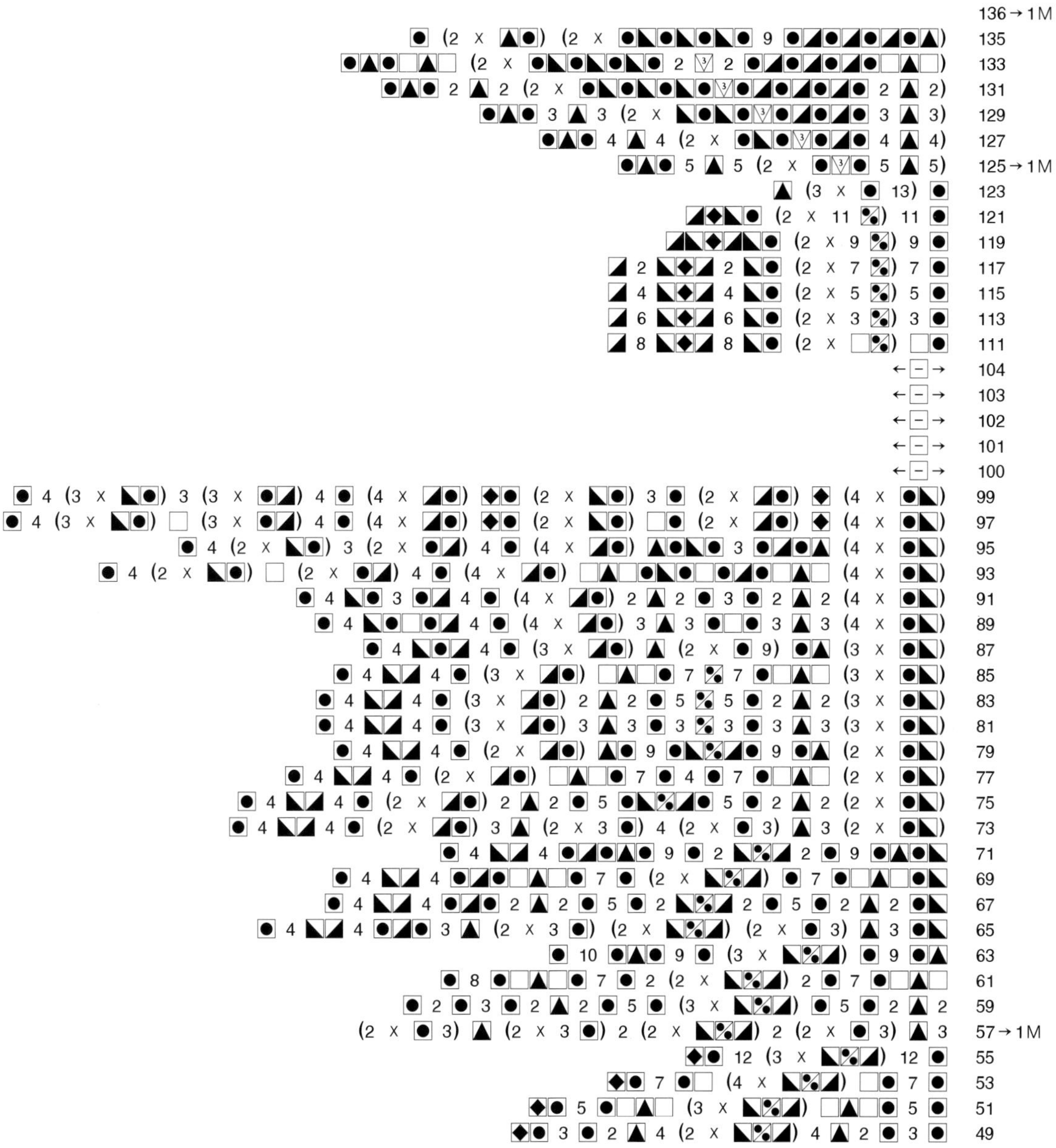

136 → 1 M
135
133
131
129
127
125 → 1 M
123
121
119
117
115
113
111
104
103
102
101
100
99
97
95
93
91
89
87
85
83
81
79
77
75
73
71
69
67
65
63
61
59
57 → 1 M
55
53
51
49

◆● ● 3 ▲ 3 (3 x ◣%◢) 3 ▲ 3 ● ● 47
◆● 11 (2 x ◣%◢) 11 ● 45
◆● 7 ●◆% (2 x ◢▲%) ◆● 7 ● 43
◆● 5 ● ▲ ◆ 2 ◆ ▲ ● 5 ● 41
◆● 3 ● 2 ▲ ◣%◢ 2 ▲ 2 ● 3 ● 39
◆● ● 3 ▲ 3 ◆ 2 ◆ 3 ▲ 3 ● ● 37
◆● 9 ◣%◢ 9 ● 35
◆● 7 ● 4 ● 7 ● 33
▲● 5 ● 2 ◢ ● 5 ● 31
☐ ▲ ● 3 ● 2 ▲ 2 ● 3 ● 29
2 ▲ 2 ● ● 3 ▲ 3 ● ● 27
3 ▲ 3 ● 9 ● 25
4 ▲ 4 ● 7 ● 23
5 ▲ 5 ● 5 ● 21
6 ▲ 6 ● 3 ● 19
7 ▲ 7 ● ● 17
8 ● 15 → 1M
14 % 13 → 1M
12 % 11 → 1M
10 % 9 → 1M
8 % 7 → 1M
6 % 5 → 1M
4 % 3 → 1M
2 % 1

Slå 16 masker op og strik 1 omgang ret.
Alle ikke nævnte omgang strikkes ret.

Poul Erik

Afhækles således: samhækkel 4-4-4-4-4 masker + 7 luftmasker + samhækkel 3 masker + samhækkel 4 masker.

Strikket i DMC Babylo nr. 20
Garnforbrug ca. 6 gr
Måler udspændt ca. 16 cm
1 sæt strømpepinde nr. 1.5
1 hæklenål nr. 1.25

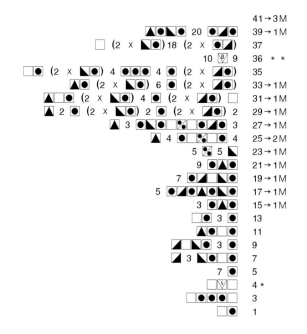

Slå 8 masker op og strik 1 omgang ret.
Alle ikke nævnte omgang strikkes ret.

* = der strikkes 5 masker i de 3 omslag

** = der strikkes 8 masker i de 3 omslag

Claus I

Claus II

Claus I

Afhækles således: 3 masker sammen med 7 luftmasker imellem.

Strikket i DMC Babylo nr. 20
Garnforbrug ca. 20 gr
Måler udspændt ca. 25 × 30 cm
1 sæt strømpepinde nr. 1.5
1 rundpind nr. 1.5 på 40 og 60 cm
1 hæklenål nr. 1.25

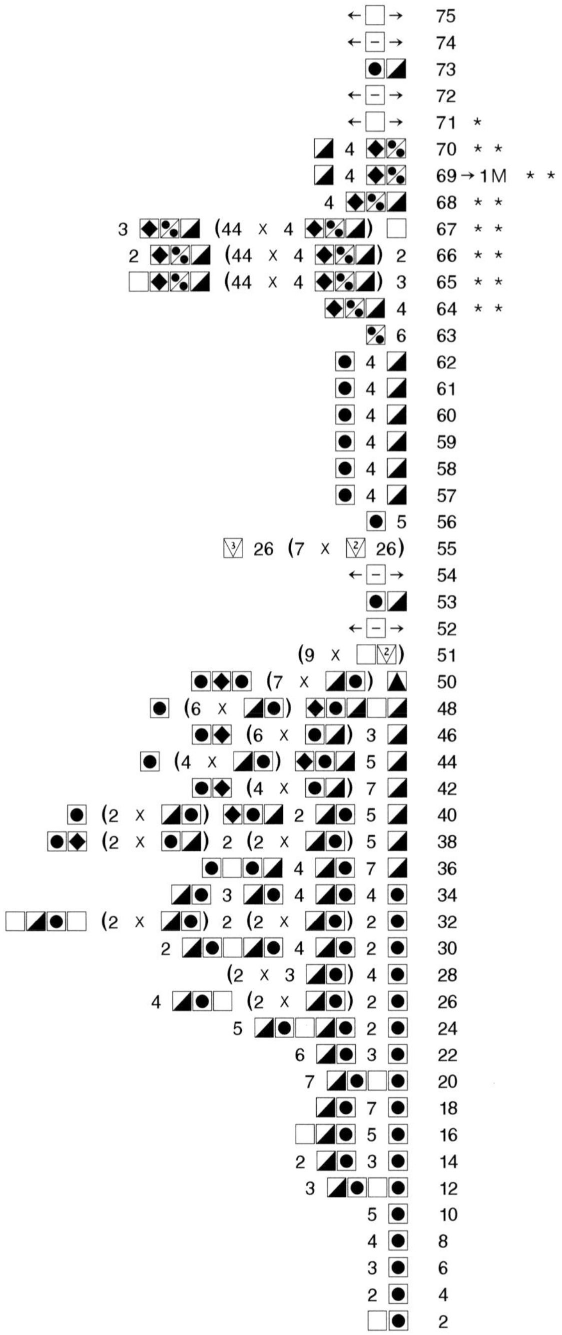

Slå 8 masker op og strik 1 omgang Ret.
Alle ikke nævnte omgang strikkes ret.

* = der strikkes 2 masker i det dobbelte omslag på retomgang 71.
** = der strikkes kun 1 maske af de dobbelte omslag i omgang 64-65-66-67-68-69-70.

Knitting chart (omgang 2–75) with symbol legend markers:

- ←☐→ 75
- ←–→ 74
- ●◪ 73
- ←–→ 72
- ←☐→ 71 *
- ◪ 4 ◆◪◪ 70 * *
- ◪ 4 ◆◪◪ 69 →1M * *
- 4 ◆◪◪ 68 * *
- 3 ◆◪◪ (44 × 4 ◆◪◪) ☐ 67 * *
- 2 ◆◪◪ (44 × 4 ◆◪◪) 2 66 * *
- ☐ ◆◪◪ (44 × 4 ◆◪◪) 3 65 * *
- ◆◪◪ 4 64 * *
- ◪ 6 63
- ● 4 ◪ 62
- ● 4 ◪ 61
- ● 4 ◪ 60
- ● 4 ◪ 59
- ● 4 ◪ 58
- ● 4 ◪ 57
- ● 5 56
- ⩗ 26 (7 × ⩗ 26) 55
- ←–→ 54
- ●◪ 53
- ←–→ 52
- (9 × ☐⩗) 51
- ●◆● (7 × ◪●) ▲ 50
- ● (6 × ◪●) ◆●◪ 48
- ●◆ (6 × ●◪) 3 ◪ 46
- ● (4 × ◪●) ◆●◪ 5 ◪ 44
- ●◆ (4 × ●◪) 7 ◪ 42
- ● (2 × ◪●) ◆●◪ 2 ◪● 5 ◪ 40
- ●◆ (2 × ●◪) 2 (2 × ◪●) 5 ◪ 38
- ● ● ◪ 4 ●◪ 7 ◪ 36
- ◪ ● 3 ◪● 4 ●◪ 4 ● 34
- ☐◪●☐ (2 × ◪●) 2 (2 × ◪●) 2 ● 32
- 2 ◪● ◪ 4 ●◪ 2 ● 30
- (2 × 3 ◪●) 4 ● 28
- 4 ◪● ☐ (2 × ◪●) 2 ● 26
- 5 ◪● ◪ 2 ● 24
- 6 ◪● 3 ● 22
- 7 ◪●☐● 20
- ◪● 7 ● 18
- ☐◪● 5 ● 16
- 2 ◪● 3 ● 14
- 3 ◪●☐● 12
- 5 ● 10
- 4 ● 8
- 3 ● 6
- 2 ● 4
- ☐●● 2

26

Claus II

Afhækles således: 3-4 masker sammen med 8
luftmasker imellem.

Strikket i DMC Babylo nr. 20
Garnforbrug ca. 7 gr
Måler udspændt ca. 17 cm
1 sæt strømpepinde nr. 1.5
1 hæklenål nr. 1.25

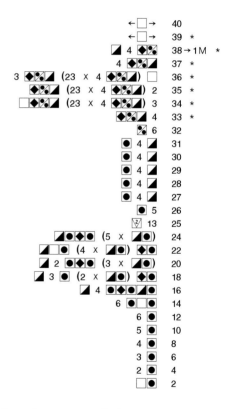

Slå 8 masker op og strik 1 omgang ret.
Alle ikke nævnte omgang strikkes ret.

* = der strikkes kun 1 maske i det dobbelte omslag
på omg 33-34-35-36-37-38-39.

Erik

Afhækles således: 3 masker sammen med 7
luftmasker imellem

Strikket i DMC Babylo nr. 20
Garnforbrug ca. 40 gr
Måler udspændt ca. 70 cm
1 sæt strømpepinde nr. 1.5
1 rundpind nr. 1.5 på 40, 50 og 60 cm
1 hæklenål nr. 1.25

←☐→	128
←☐→	127
←☐→	126
(7 x ◢) ● (16 x ☐●) (8 x ◢)	125
←☐→	124
←☐→	123
←☐→	122
(7 x ◢) ● (15 x ☐●) (8 x ◢)	121
←☐→	120
←☐→	119
←☐→	118
(6 x ◢) ● (15 x ☐●) (8 x ◢)	117
←☐→	116
←☐→	115
←☐→	114
(6 x ◢) ● (14 x ☐●) (8 x ◢)	113
←☐→	112
←☐→	111
←☐→	110
←☐→	109
(6 x ◢) ● (6 x ◢●) ☐ (6 x ◢●) (6 x ◢) 4	108
←☐→	107
● (12 x ◢●) ▲● (11 x ◢●) 4	106
←☐→	105
● (12 x ◢●) ▲● (11 x ◢●) (2 x ☐◢)	104
←☐→	103
● (6 x ◢●) (12 x ☐●) (6 x ◢●) 6	102
←☐→	101
● (5 x ◢●) 14 ● (5 x ◢●) 6	100
←☐→	99
● (5 x ◢●) 12 ● (5 x ◢●) (2 x 2 ◢)	98
	97
● (5 x ◢●) 10 ● (5 x ◢●) 8	96
←☐→	95
● (5 x ◢●) 8 ● (5 x ◢●) 8	94
←☐→	93
● (5 x ◢●) 6 ● (5 x ◢●) (2 x 3 ◢)	92
←☐→	91
● (5 x ◢●) 4 ● (5 x ◢●) 10	90
←☐→	89
● (5 x ◢●) 2 ● (5 x ◢●) 10	88
←☐→	87
● (5 x ◢●) ☐ (5 x ◢●) 10	86
←☐→	85
● (5 x ◢●) ☐● (4 x ◢●) 10	84

28

Erik

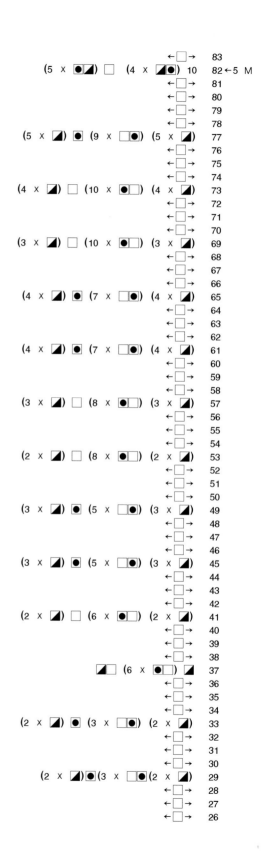

Erik *forsat ...*

(2 x ◤) (4 x ●☐)◤ 25
←☐→ 24
←☐→ 23
←☐→ 22
◤☐ (4 x ●☐) 21
←☐→ 20
←☐→ 19
←☐→ 18
3 ●☐●◤ 17
←☐→ 16
←☐→ 15
←☐→ 14
◤☐●☐●◤ 13
←☐→ 12
←☐→ 11
←☐→ 10
2 ●☐●☐ 9
←☐→ 8
←☐→ 7
←☐→ 6
☐● 5
←☐→ 4
←☐→ 3
←☐→ 2
☐● 1

Slå 16 masker op og strik 3 omgang ret

Knud I

Knud I

Denne dug kan lukkes af i ret eller hækles af således:
samhækkel 2 masker + 1 luftmaske omgangen ud.
Anden omgang hækles således: 1 stangmaske ned om
luftmasken, 3 luftmasker + 1 fastmaske i første luft-
maske omgangen ud.

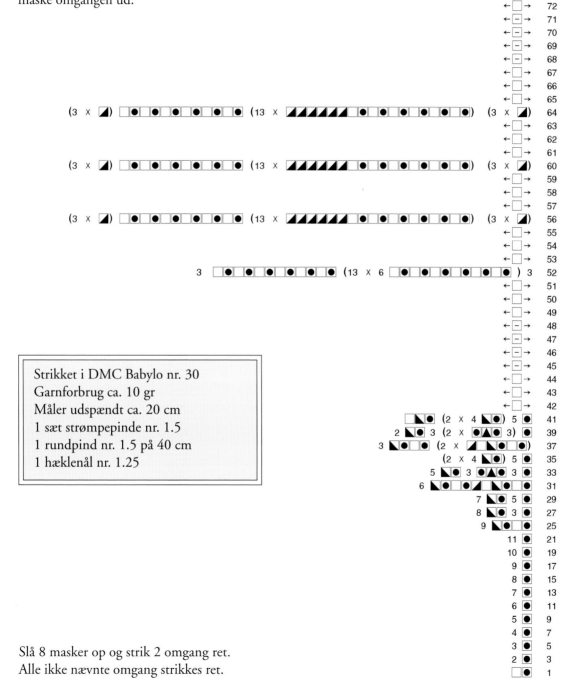

Strikket i DMC Babylo nr. 30
Garnforbrug ca. 10 gr
Måler udspændt ca. 20 cm
1 sæt strømpepinde nr. 1.5
1 rundpind nr. 1.5 på 40 cm
1 hæklenål nr. 1.25

Slå 8 masker op og strik 2 omgang ret.
Alle ikke nævnte omgang strikkes ret.

Knud II

Afhækles således: hækl 2 masker + 1 luftmaske sammen omgangen ud.

Derefter hækles 1 stangmaske ned om luftmaske-buen + 3 luftmasker og 1 fastmaske i første bue omgangen ud.

Man kan også nøjes med at lukke alle masker løst af på retomgang 131.

Strikket i DMC Babylo nr. 30
Garnforbrug ca. 35 gr
Måler udspændt ca. 40 cm
1 sæt strømpepinde nr. 1.5
1 rundpind nr. 1.5 på 40, 50 og 60 cm
1 hæklenål nr. 1.25

Knud II

3 ☐● ● ● ● ● ● (19 × 6 ☐● ● ● ● ● ●)

3 ◣ 2 (6 × ☐●) 3 ◣ 2 (6 × ☐●) 3 ◣ 2 (6 × ☐●) 2 ◣   86

← ☐ →   85

(280 M) ← ☐ →   84

← ☐ →   83

← - →   82

← - →   81

← - →   80

← - →   79

← - →   78

← ☐ →   77

← ☐ →   76

← ☐ →   75

← ☐ →   74

2 ◣● (39 × 5 ◣●) 3   73

☐◣●◣● (39 × 3 ◣●◣●) 2   71

◣●◣●◣●☐   69

☐◣●◣● (39 × 3 ◣●◣●) 2   67

3 (39 × ● 6) ● 3   65

← ☐ →   64

(240 M) ← ☐ →   63

← ☐ →   62

← ☐ →   61

← - →   60

← ☐ →   59

← ☐ →   58

← - →   57

← - →   56

← ☐ →   55

← ☐ →   54

← ☐ →   53

← ☐ →   52

☐◣● (3 × 6 ●) 5 ●   51

2 ◣● 3 ● (3 × ◢● 3 ●)   49

3 ◣● ● (3 × ◢ ◣● ●)   47

(3 × 4 ◣●) 5 ●   45

5 ◣● 3 ● (2 × ◢● 3 ●)   43

6 ◣● ● (2 × ◢ ◣● ●)   41

7 ◣● 4 ◣● 5 ●   39

8 ◣● 3 ●◢● 3 ●   37

9 ◣● ●◢ ◣● ●   35

10 ◣● 5 ●   33

11 ◣● 3 ●   31

12 ◣● ●   29

14 ●   27

13 ●   25

12 ●   23

11 ●   21

10 ●   19

9 ●   17

8 ●   15

7 ●   13

6 ●   11

5 ●   9

4 ●   7

3 ●   5

2 ●   3

☐●   1

Alle masker der strikkes som ◣, kan erstattes af ◢ hvis man syntes det er lettere at strikke.

Note: tallene i parentes ud for omgang 63, 84, 108 og 123 angiver det samlede antal masker der er på denne pind.

Slå 8 masker op og strik 2 omgang ret. Alle ikke nævnte omgang strikkes ret.

Ian

Afhækles således: 2-2-2-2-2-2 masker sammen med 7 luftmasker imellem + 2 + 2 masker

Strikket i DMC Babylo nr. 30
Garnforbrug ca. 10 gr
Måler udspændt ca. 18 cm
1 sæt strømpepinde nr. 1.5
1 hæklenål nr. 1.25

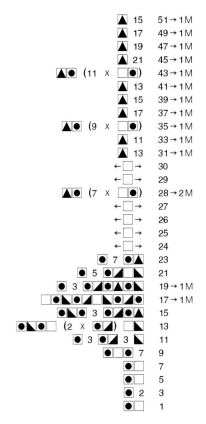

▲ 15	51→1M
▲ 17	49→1M
▲ 19	47→1M
▲ 21	45→1M
▲● (11 x ☐●)	43→1M
▲ 13	41→1M
▲ 15	39→1M
▲ 17	37→1M
▲● (9 x ☐●)	35→1M
▲ 11	33→1M
▲ 13	31→1M
←☐→	30
←☐→	29
▲● (7 x ☐●)	28→2M
←☐→	27
←☐→	26
←☐→	25
←☐→	24
● 7 ●▲	23
● 5 ●◢ ◣	21
● 3 ●◢●▲●◣	19→1M
☐●◣●◢ ☐ ●◣●◢	17→1M
●◣● 3 ●◢●▲	15
●◣● ☐ (2 x ●◢) ▲	13
● 3 ●◢ 3 ◣	11
●☐● ● 7	9
●☐	7
●☐	5
●☐ 2	3
●☐	1

Slå 6 masker op og strik 2 omgang ret.
Alle ikke nævnte omgang strikkes ret.

Knud III

Knud III

Luk alle masker af på retomgang 210 eller afhækl
dugen således: hækl 2 masker + 1 luftmaske
sammen omgang ud.
Derefter hækles 1 stangmaske ned om luftmasken
+ 3 luftmasker og 1 fastmaske i første bue omgang
ud.

Strikket i DMC Babylo nr. 30
Garnforbrug ca. 80 gr
Måler udspændt ca. 64 cm
1 sæt strømpepinde nr. 1.5
1 rundpind nr. 1.5 på 40, 50, 60 og 80 cm
1 hæklenål nr. 1.25

```
←□→  210
←-→  209
←-→  208
←-→  207
←-→  206
←-→  205
←□→  204
←□→  203
←□→  202

(2 x ◣) □ (3 x ◣) (10 x □●)
  (33 x ◣◣◣◣◣◣◣◣◣◣ □● □● □● □● □● □● □● □● □● □●) (3 x ◣) □ (2 x ◣)   201
←□→  200
←□→  199
←□→  198

◣□(4 x ◣) (10 x □●)
  (33 x ◣◣◣◣◣ ◣◣ ◣◣◣◣ □● □● □● □● □● □● □● □● □● □●) (4 x ◣) ◣   197
←□→  196
←□→  195
←□→  194

(6 x ◣)
  (10 x □●) (33 x ◣◣◣◣◣◣◣◣◣◣◣ □● □● □● □● □● □● □● □● □● □●) (6 x ◣)   193
←□→  192
←□→  191
←□→  190

7 (10 x □●) (33 x 14 □● □● □● □● □● □● □● □● □● □●) 7   189
←□→  189
←□→  188
←□→  187
←-→  186
←-→  185
←-→  184
←-→  183
←-→  182
←-→  181
←□→  179
←□→  178

(4 x ◣) (8 x □●) (33 x ◣◣◣◣◣◣ □● □● □● □● □● □● □● □●) (4 x ◣)   177
←□→  176
←□→  175
←□→  174

(4 x ◣) (8 x □●) (33 x ◣◣◣◣◣◣ □● □● □● □● □● □● □● □●) (4 x ◣)   173
←□→  172
←□→  171
←□→  170

(4 x ◣) (8 x □●) (33 x ◣◣◣◣◣◣ □● □● □● □● □● □● □● □●) (4 x ◣)   169
```

← □ →	168
← □ →	167
← □ →	166

4 (8 x □●) (30 x 8 □●□●□●□●□●□●□●□●□●)

5 ◣ 2 (8 x □●) 3 ◣□◣ 2 (8 x □●) 3 ◣□◣ 2 (8 x □●) 4   165

← □ →	164
← □ →	163
← □ →	162
← - →	161
← - →	160
← - →	159
← - →	158
← - →	157
← □ →	156
← □ →	155
← □ →	154
← □ →	153

3 ◣● (60 x 7 ◣●) 4   151
2 (2 x ◣●) (60 x 5 ◣●◣●) 3   149
□ (3 x ◣●) (60 x 3 ◣●◣●◣●) 2   147
(4 x ◣●) (60 x □◣●◣●◣●◣●) □   145
□ (3 x ◣●) (60 x 3 ◣●◣●◣●) 2   143
2 (2 x ◣●) (60 x 5 ◣●◣●) 3   141
4 (60 x ● 8) ● 4   139

← □ →	138
← □ →	137
← □ →	136
← □ →	135
← - →	134
← - →	133
← - →	132
← - →	131
← - →	130
← □ →	129
← □ →	128
← □ →	127

◣ 60   125

◣● (9 x 4 ◢●) 5 ●   123
□◣● 3 (9 x ●▲● 3) ●   121
2 ◣●□● (9 x ◢ ◣●□● ●)   119
3 ◣● (8 x 4 ◢●) 5 ●   117
4 ◣● 3 (8 x ●▲● 3) ●   115
5 ◣●□● (8 x ◢ ◣●□●)   113
6 ◣● (7 x 4 ◢●) 5 ●   111
7 ◣● 3 (7 x ●▲● 3) ●   109
8 ◣●□● (7 x ◢ ◣●□● ●)   107
9 ◣● (6 x 4 ◢●) 5 ●   105
10 ◣● 3 (6 x ●▲● 3) ●   103
11 ◣●□● (6 x ◢ ◣●□● ●)   101
12 ◣● (5 x 4 ◢●) 5 ●   99
13 ◣● 3 (5 x ●▲● 3) ●   97
14 ◣●□● (5 x ◢ ◣●□● ●)   95
15 ◣● (4 x 4 ◢●) 5 ●   93
16 ◣● 3 (4 x ●▲● 3) ●   91
17 ◣●□● (4 x ◢ ◣●□● ●)   89
18 ◣● (3 x 4 ◢●) 5 ●   87
19 ◣● 3 (3 x ●▲● 3) ●   85
20 ◣●□● (3 x ◢ ◣●□● ●)   83

Row	Chart	Count
21	◣● (2 x 4 ◢●) 5 ●	81
22	◣● 3 (2 x ●▲● 3) ●	79
23	◣● ● (2 x ◢ ◣● ●)	77
24	◣● 4 ◢● 5 ●	75
25	◣● 3 ●▲● 3 ●	73
26	◣●□ ●◢ ◣● ●	71
27	◣● 5 ●	69
28	◣● 3 ●	67
29	◣● ●	65
31	●	63
30	●	61
29	●	59
28	●	57
27	●	55
26	●	53
25	●	51
24	●	49
23	●	47
22	●	45
21	●	43
20	●	41
19	●	39
18	●	37
17	●	35
16	●	33
15	●	31
14	●	29
13	●	27
12	●	25
11	●	23
10	●	21
9	●	19
8	●	17
7	●	15
6	●	13
5	●	11
4	●	9
3	●	7
2	●	5
	□●	3

Slå 8 masker op og strik 2 omgang ret.
Alle ikke nævnte omgang strikkes ret.

Lasse

Afhækles således: 4-4-4-4-6-4-4-4-4-3 masker sammen med 7 luftmasker imellem.

Strikket i DMC Babylo nr. 30
Garnforbrug ca. 30 gr
Måler udspændt ca. 38 cm
1 sæt strømpepinde nr. 1.5
1 rundpind nr. 1.5 på 40 og 60 cm
1 hæklenål nr. 1.25

100 → 1M

38	99
5 (2 x) 3 3 (2 x) 5	97
3 34	95
4 (2 x) 2 2 (2 x) 4 30	93
3 (2 x) 2 (3 x) 3	89
(2 x) (2 x) 25	87
2 2 2 (2 x) 3 (2 x) 2	85
3 3 21	83
4 4 (3 x) (3 x)	81
← →	80
← →	79
← →	78
7	77
2 5	75
3	73
	71
2 (2 x 2 2) 2	69 → 1M
3 3	67 → 1M
32	66
27 2	65
31	64
26 2	63
30	62
25 2	61
29	60
24 2	59
28	58
23 2	57
27	56
22 2	55
26	54
21 2	53
25	52
20 2	51
24	50
19 2	49
23	48
18 2	47
22	46
17 2	45
21	44
16 2	43
20	42

Lasse

Lasse *forsat …*

◢ 15 ● 2 ● ●				41
		◢ 19		40
◢ 14 ● 2 ● ●				39
		◢ 18		38
◢ 13 ● 2 ● ●				37
		◢ 17		36
◢ 12 ● 2 ● ●				35
		◢ 16		34
◢ 11 ● 2 ● ●				33
		◢ 15		32
◢ 10 ● 2 ● ●				31
		◢ 14		30
◢ 9 ● 2 ● ●				29
		◢ 13		28
◢ 8 ● 2 ● ●				27
		◢ 12		26
◢ 7 ● 2 ● ●				25
		◢ 11		24
◢ 6 ● 2 ● ●				23
		◢ 10		22
◢ 5 ● 2 ● ●				21
		◢ 9		20
◢ 4 ● 2 ● ●				19
		◢ 8		18
◢ 3 ● 2 ● ●				17
		◢ 7		16
◢ (2 x 2 ●) ●				15
	◢ 3 ● ●			13
	◢ 2 ● ●			11
	◢ (2 x ●)			9
		3 ●		7
		2 ●		5
		●		3

Slå 8 masker op og strik 2 omgang ret.
Alle ikke nævnte omgang strikkes ret.

Lars

Afhækles således: Samhækkel 3-3-3-3-3-3-3 masker med 7 luftmasker imellem, derefter samhækkles 3-4-3 masker med 8 luftmasker imellem.

Strikket i DMC Babylo nr. 20
Garnforbrug ca. 8 gr.
Måler udspændt ca. 21 cm.
1 sæt strømpepinde nr. 1,5.
1 hækkelnål nr. 1,25.

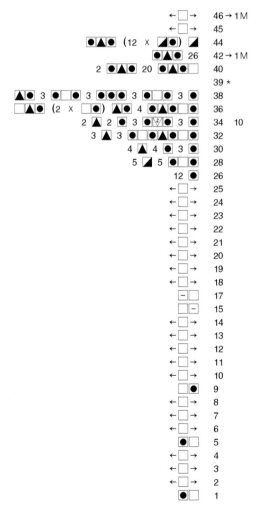

* = der strikkes 8 masker i de 3 omslag.

Slå 12 masker op og strik 1 omgang ret.
Alle ikke nævnte omgang strikkes ret.

Leif

Alle masker lukkes af på retomgang 166.

Strikket i DMC Babylo nr. 20
Garnforbrug ca. 90 gr. + 2 nøgle sølvtråd
Måler udspændt ca. 65 cm
1 sæt strømpepinde nr. 1.5
1 rundpind nr. 1.5 på 40, 60 og 80 cm
1 hæklenål nr. 1.25

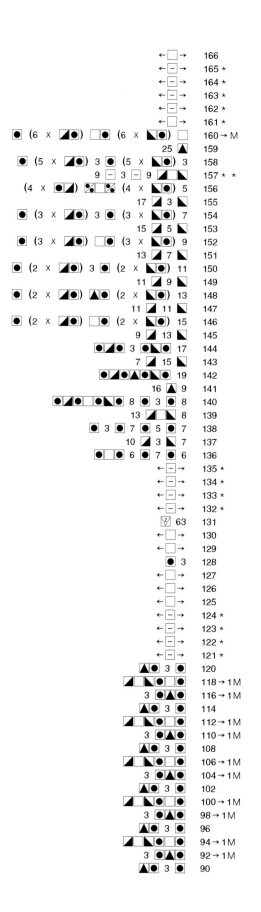

Leif

Leif *forsat …*

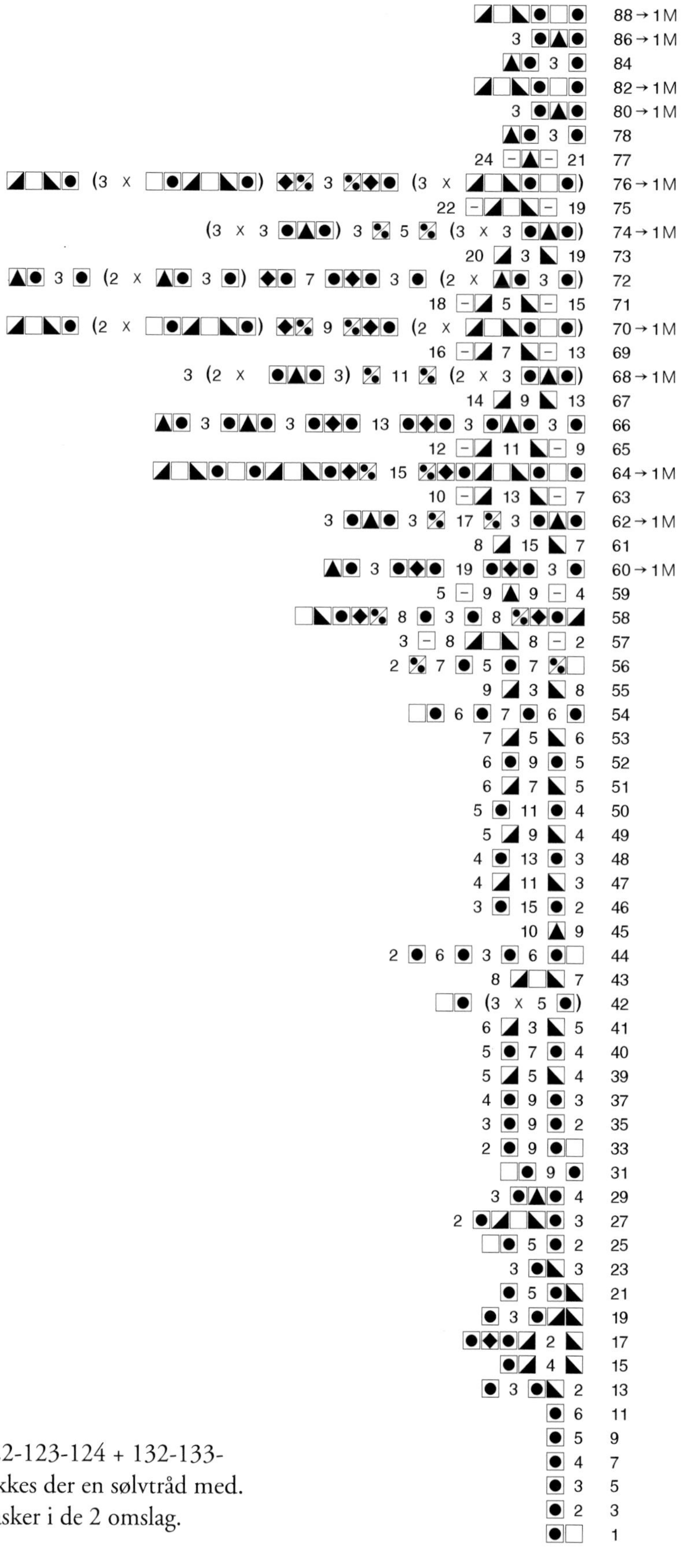

Slå 8 masker op og strik 1 omg ret

* = på vrangomgangene nr. 121-122-123-124 + 132-133-134-135 og 162-163-164-165 strikkes der en sølvtråd med.
** = omgang 157 her strikkes 3 masker i de 2 omslag.

Ricki

Afhækles således: samhækkel 3 masker, 3 masker
og 3 masker. 7 luftmasker, 3-3-3-4-4-4-3-3-3
masker med 7 luftmasker imellem.

Strikket i DMC Babylo nr. 20
Garnforbrug ca. 20 gr
Måler udspændt ca. 31 cm
1 sæt strømpepinde nr. 1.5
1 rundpind nr. 1.5 på 40 og 60 cm
1 hæklenål nr. 1.25

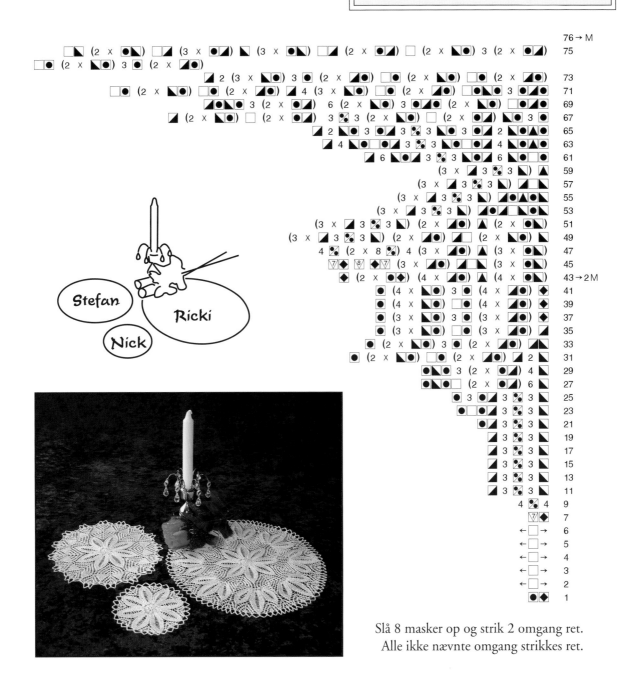

Slå 8 masker op og strik 2 omgang ret.
Alle ikke nævnte omgang strikkes ret.

Martin

Martin

Afhækles således: 2-3-3-3-3-3-2-4 masker sammen
med 7 luftmasker imellem.

Strikket i DMC Babylo nr. 20
Garnforbrug ca. 10 gr
Måler udspændt ca. 25 cm
1 sæt strømpepinde nr. 1.5
1 rundpind nr. 1.5 på 40 cm
1 hæklenål 1.25

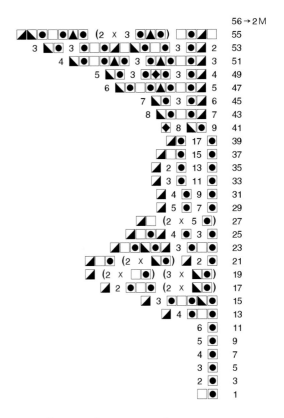

Slå 8 masker op og strik 1 omgang ret.
Alle ikke nævnte omgang strikkes ret.

Michael

Michael

Afhækles således: samhækkel (3 masker + 1 fast-
maske, 5-4-3-4-4 masker med 8 luftmasker imellem,
5 masker + 1 fastmaske x 3).
Derefter 3 masker + 1 fastmaske, 5-4-3-4-4-5-4-3-4-
4 masker med 8 luftmasker imellem, 5 masker + 1
fastmaske.

Strikket i DMC Babylo nr. 20
Garnforbrug ca. 60 gr
Måler udspændt ca. 60 cm
1 sæt strømpepinde nr. 1.5
1 rundpind nr. 1.5 på 40, 60 og 80 cm
1 hæklenål nr. 1.25

Michael *forsat ...*

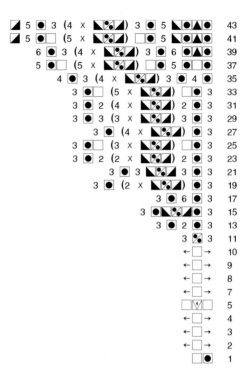

Slå 9 masker op og strik 1 omgang ret.
Alle ikke nævnte omgang strikkes ret.

Verner 1

Afhækles således: 3-2-3-2-3-2-3-2 masker sammen med 7 luftmasker imellem, samhækl 3 masker + 1 fastmaske, 3 masker + 1 fastmaske.

Strikket i DMC Babylo nr. 30
Garnforbrug ca. 8 gr
Måler udspændt ca. 18 cm
1 sæt strømpepinde nr. 1.5
1 hæklenål nr. 1.25

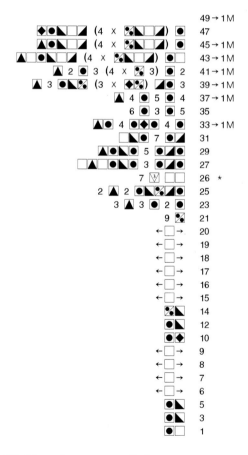

Slå 12 masker op og strik 1 omgang ret.
alle ikke nævnte omgang strikkes ret.

* = på omgang 26 strikes der 3 masker i det dobbelte omslag.

55

Miki

Afhækles således: 5-4-5-4-5-4-5-4-5-4-5-4 masker
sammen med 7 luftmasker imellem.
Hækl 5 masker + 1 fastmaske sammen om de 2 sidste.
masker.

Strikket i DMC Babylo nr. 20
Garnforbrug ca. 35 gr
Måler udspændt ca. 40 cm
1 sæt strømpepinde nr. 1.5
1 rundpind nr. 1.5 på 40 og 60 cm
1 hæklenål nr. 1.25

Slå 8 masker op og strik 2 omgang ret.
Alle ikke nævnte omgang strikkes ret.

Miki

Mikkel

Mikkel

Alle masker lukkes af på retomg 167.

Strikket i DMC Babylo nr 20
Garnforbrug ca. 115 gr
Måler udspændt ca. 70 cm
1 sæt strømpepinde nr. 1.5
1 rundpind nr. 1.5 på 40, 60 og 80 cm
1 hæklenål nr. 1.25

(2 x ▲●) ◢●▲●◣● (2 x ▲●) 4 ◣● 3

    ◣◣● 3 ●◆● 3 ●◢◢ 3 ● 6 ● 3 ◣◣● 3 ●◆● 3 ●◢◢ 3 ●◢ 4 ● 95

▲●◣● (2 x ●◢) ☐ (2 x ◣●) ●◢◢●▲● 4

    ◣● 3 ◣ ◣● ●◆● ●◢ ◢ 3 ● 6 ● 3 ◣ ◣● ●◆● ●◢ ◢ 3 ●◢ 4 ● 93

▲●◣● 3 ●◢◢●▲●◣● 3 ●◢◢●▲● 4

    ◣● 3 ◣ 3 ●◢▲● 3 ◢ 3 ● 6 ● 3 ◣ 3 ●◢▲● 3 ◢ 3 ●◢ 4 ● 91

▲● (2 x ◣●) ☐ (2 x ●◢) ☐ (2 x ◣●)

    ☐ (2 x ●◢) ●◢▲● 4 ◣● 3 ◣ 3 ●◢▲● 3 ◢ 3 ● 6 ● 3 ◣ 3 ●◢▲● 3 ◢ 3 ●◢ 4 ● 89

    ◢●▲●◣● (2 x 3 ●◢●▲●◣●) 4 ◣● 7 ●◢▲● 7 ● 6 ● 7 ●◢▲● 7 ●◢ 4 ● 87

◢● ‑‑ (2 x ◣●) ☐ (2 x ●◢) ☐

    (2 x ◣●) ☐ (2 x ●◢) ‑‑●◣● 4 ◣● 6 ●◢▲● (3 x 6 ●) ▲● 6 ●◢ 4 ● 85

◢● ‑‑‑◣● 3 ●◢ 3 ◣● 3 ●◢ ‑‑●◣● 4 ◣● 5 ●◢▲● 5 ● 6 ● 5 ●◢▲● 5 ●◢ 4 ● 83

◢● ‑‑‑‑◣● ●◢ 5 ◣● ●◢ ‑‑‑‑● (2 x ◣● 4) ●◢▲● 4 ● 6 ● 4 ●◢▲● 4 ●◢ 4 ● 81

◢● ☐‑‑‑◣● 9 ◣●◢ ●◣● 4 ◣● 3 ●◢▲● 3 ● 6 ● 3 ●◢▲● 4 ●◢ 4 ● 79

◢● ☐‑‑‑‑ 9 ◢ ‑‑‑◣● 4 ◣● 2 ●◢▲● 2 ● 6 ● 2 ●◢▲● 4 ●◢ 4 ● 77

◢● ‑‑‑‑ 9 ‑‑☐‑●◣● 4 (2 x ◣●) ●◢▲● 6 ●◣● (2 x ●◢) 4 ● 75

    ◢● ‑‑ 9 ‑‑‑●◣● 4 ◣● 3 ● 6 ● 3 ●◢ 4 ● 73

    ◢● ‑‑ 9 ‑‑●◣● 4 ◣●◢▲● 6 ●◢▲● 4 ● 71

    ◢● ‑ 9 ‑●◣● 4 ◣●◢▲● 6 ●◢▲● 4 ● 69

    ◢● 9 ●◣● 4 ◣● 6 ● 4 ●◢ 4 ● 67

    ▲● 11 ●◢▲● 4 ◣● 6 ●◢ 4 ● 65

    ◢ ◣● 9 ●◢ ◣● 4 ◣●◢ ● ●◢ 4 ● 63

    ◢●▲●◣● 7 ●◢●▲●◣● 4 ◣● ●◢ 4 ● 61

    ◢●◣☐ (2 x ◣●) 5 (2 x ●◢) ☐ (2 x ◣●) (2 x 5 ●) 59

    (2 x ◢●) ▲● (2 x ◣●) 3 (2 x ●◢) ●◢● (2 x ◣●) 8 ● 57

    (6 x ◣●) ▲● (6 x ◢●) 6 ● 55

    (6 x ●◣) ●◢● (6 x ◢●) 6 53

    ●◢▲● (5 x ◣●) ▲● (5 x ◢●) ▲● 6 51

●◢ (3 x ◣●) ☐● (2 x ◢●) ◆● (2 x ◣●) ☐ (3 x ●◢) ◣● 6 49

    ●◢ ☐ (2 x ◣●) 3 ●◢●◆●◣● 3 (2 x ●◢) ☐◣● 6 47

    ●◢ 2 (2 x ◣●) ☐ ●◢●◆●◣● ☐ (2 x ●◢) 2 ◣● 6 45

    ● 3 ◣◣● 3 ●◆● 3 ●◢◢ 3 ● 6 43

    ● 3 ◣ ◣● ●◆● ●◢ 3 ● 6 41

    ● 3 ◣ 3 ●◢▲● 3 ◢ 3 ● 6 39

    ● 3 ◣ 3 ●◢▲● 3 ◢ 3 ● 6 37

    ● 3 ◣ 3 ●◢ 3 ◢ 3 ● 6 35

    ● 7 ●◢▲● 7 ● 6 33

    ● 6 ●◢▲● 6 ● 6 31

    ● 5 ●◢▲● 5 ● 6 29

    ● 4 ●◢▲● 4 ● 6 27

    ● 3 ●◢▲● 3 ● 6 25

    ● 2 ●◢▲● 2 ● 6 23

    ●◣●◆●◢● 6 21

    ● 3 ● 6 19

    ●◢▲● 6 17

    ●◢▲● 6 15

    ●◢▲● 6 13

    ● ● 6 11

    ● 6 9

    2 ◤ 2 7

    ☐ ◤ ☐ 5

    ◤ 3

Slå 8 masker op og strik 2 omgang ret.
Alle ikke nævnte omgang strikkes ret.

Nick

Afhækles således: 4-4-3-4 masker
sammen med 7 luftmasker imellem.

Strikket i DMC Babylo nr. 20
Garnforbrug ca. 5 gr
Måler udspændt ca. 13 cm
1 sæt strømpepinde nr. 1.5
1 hæklenål nr. 1.25

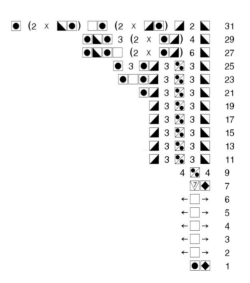

Slå 8 masker op og strik 2 omgang ret.
Alle ikke nævnte omgang strikkes ret.

Per

Afhækles således: samhækkel 3-2-3-5-5-5-3-2
masker med 7 luftmasker imellem.

Strikket i DMC Babylo nr. 20
Garnforbrug ca. 65 gr
Måler udspændt ca. 50 × 65 cm
1 sæt strømpepinde nr. 1.5
1 rundpind nr. 1.5 i 40, 60 og 80 cm
1 hæklenål nr. 1.25

Nu tælles hvor mange masker der er og der strikkes 1 omgang ret. Der skal i alt være 220 masker.
De masker der måske mangler tages ud på den første ret omgang, således at der bliver 220 masker i alt.

Der skal nu tages masker op omkring midterpartiet: tag maskerne op således, strik 2 masker ret + 1
omslag hele vejen rundt.

Per

Per *forsat …*

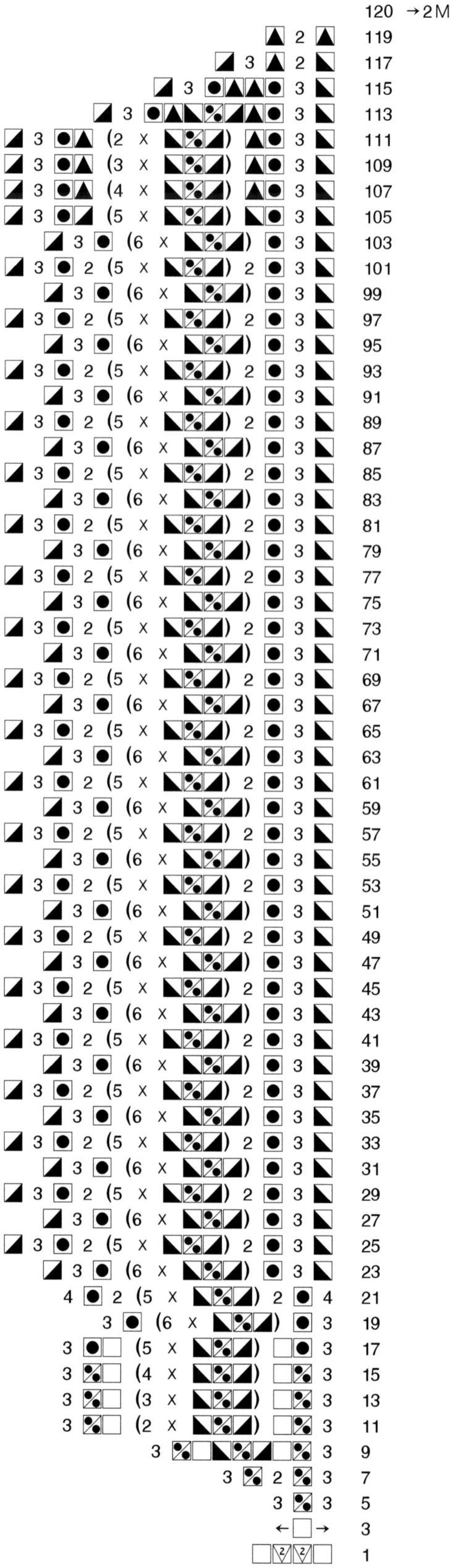
120 →2M
119
117
115
113
111
109
107
105
103
101
99
97
95
93
91
89
87
85
83
81
79
77
75
73
71
69
67
65
63
61
59
57
55
53
51
49
47
45
43
41
39
37
35
33
31
29
27
25
23
21
19
17
15
13
11
9
7
5
3
1

Slå 4 masker om og strik 1 pind ret og 1 pind vrang. Her strikkes der frem og tilbage på 2 pinde.

Peter I

Afhækles således: Samhækkel 3 masker med 7 luftmasker imellem.

Strikket i DMC Babylo nr. 30
Garnforbrug ca. 4 gr.
Måler udspændt ca. 19 cm.
1 sæt strømpepinde nr. 1,5.
1 hækkelnål nr. 1,25.

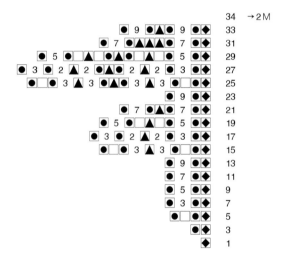

Slå 8 masker op og strik 1 omgang ret.
Alle ikke nævnte omgang strikkes ret.

Peter II

Afhækles således: 5-3-5-3-5-3-masker
sammen med 9 luftmasker imellem, derefter
5 masker med 3 luftmasker imellem og 3
masker med 3 luftmasker imellem.

Strikket i DMC Babylo nr 20
Garnforbrug ca. 75 gr
Måler udspændt ca. 61 cm
1 sæt strømpepinde nr. 1.5
1 rundpind nr. 1.5 på 40, 60 og 80 cm
1 hæklenål nr. 1.25

Slå 8 masker op og strik 2 omgang ret.
Alle ikke nævnte omgang strikkes ret.

Omgang	Note
136	→ 2 M
135	
133	
131	
129	
127	
125	
123	
121	← 1 M
119	
117	← 1 M
115	
113	← 1 M
111	
109	← 1 M
107	
105	
103	
101	
99	
97	
95	
93	
91	
89	
87	
85	
83	
81	→ 1 M
79	
77	
75	
73	
71	
69	
67	
65	
63	
61	
59	← 1 M
57	← 1 M
55	
53	
51	
49	
47	
45	
43	
41	
39	
37	
35	
33	
31	
29	
27	
25	
23	
21	
19	
17	
15	
13	
11	
9	
7	
5	
3	
1	

Peter II

René

Afhækles således: samhækkel (4 masker + 8 luft-
masker x 4) 5 masker med 8 luftmasker imellem.

Strikket i DMC Babylo nr. 20
Garnforbrug ca. 50 gr
Måler udspændt ca. 47 cm
1 sæt strømpepinde nr. 1.5
1 rundpind nr. 1.5 på 40, 60 og 80 cm
1 hæklenål nr. 1.25

← □ →	101 → 2 M
▲ 20	100 → 1 M
← □ →	99
▲ ● ◢ 18 ◢ ●	98
□ ▲ ● ◢ 18 ◢ ●	97
2 ▲ 2 ● 20 ●	96 → 3 M
4 ● 18 ● 3	95
◢ ● ◢ ● 16 ● ◢ ●	94
5 ● 14 ● 3	93
◢ ◢ ● ◢ ● 12 ● ◢ ●	92
7 ● 10 ● 3	91
◢ 2 ◢ ● ◢ ● 3 ◢ ◢ 3 ● ◢ ●	90
9 ● 8 ● 3	89
◢ 4 ◢ ● ◢ ● 2 ◢ ● 2 ● ◢ ●	88
11 ● 6 ● 3	87
◢ ◢ ◢ ◈ 2 ◢ ● ◢ ● ◢ ◇ ● ◢ ●	86
← □ →	85
◢ 7 ◢ ● 2 ● ◢ ●	84
← □ →	83
◢ ◢ ◢ ◈ □ ◢ ◈ ◢ ◢ 3 ●	82
12 ● ●	81
◢ 3 ◢ ◢ ◈ ◢ 3 ◢ ●	80 ← 1 M
← □ →	79
← □ →	78
← □ →	77
◢ ◢ ◇ (5 x ◢ ◇)	76
2 ▲ ◢ ● (5 x 2 ◢ ●)	75 → 1 M
◢ ◢ ◢ (6 x ◢ 2 ●)	74
2 ◢ 3 (6 x 2 ◢ ●)	73 → 1 M
◢ ◢ □ (2 x ● □) (6 x ◢ 2 ●)	72
2 ◢ □ (2 x ● □) ◢ ◢ ● (5 x 2 ◢ ●)	71 → 1 M
◢ ◢ □ (2 x ● □) (6 x ◢ 2 ●)	70
2 ◢ ● ▲ ● ◢ ◢ ● (5 x 2 ◢ ●)	69 → 1 M
◢ ◢ □ 3 ● (6 x ◢ 2 ●)	68
2 ◢ ● ▲ ● ◢ ◢ ● (5 x 2 ◢ ●)	67 → 1 M
◢ 2 ● 2 ◢ □ ▲ ● (6 x ◢ 2 ●)	66
□ ◢ ● 3 ▲ 3 ● ◢ (6 x 2 ◢ ●)	65 → 1 M
▲ ● 4 ◢ 4 ● ◢ □ ◢ ● (5 x 2 ◢ ●)	64
□ ◢ ● 11 ● ◢ ● □ ● (5 x 3 ●)	63 → 1 M
◢ ● 5 ▲ 5 ● ◢ □ ● □ (5 x 2 ●)	62
◢ □ ● 13 ● □ (2 x ◢ ●) (3 x □ ●) ◢ ●	61
◢ ● 6 ◢ 6 ● ◢ ● ◢ 3 ◢ ●	60
◢ ● 14 ● ◢ ● ◢ 3 ◢ ●	59 ← 1 M
← □ →	58

René

René *forsat …*

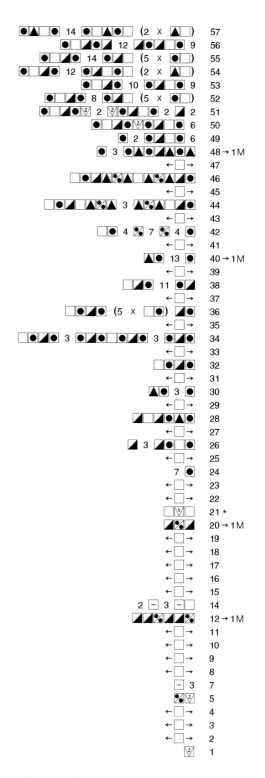

*= på omgang 21 strikkes der 5 masker i det dobbelte omslag fra omgang 20.

Slå 6 masker op og strik 2 omgang ret
Alle ikke nævnte omgang strikkes ret.

Poul

Afhækles således: samhækkel 3-4-3-2
masker med 7 luftmasker imellem.

Strikket i DMC Babylo nr. 20.
Garnforbrug ca. 12 gr.
Måler udspændt ca. 25 cm.
1 sæt strømpepinde nr. 1,5.
1 rundpind nr. 1,5 på 40 cm.
1 hækkelnål 1,25.

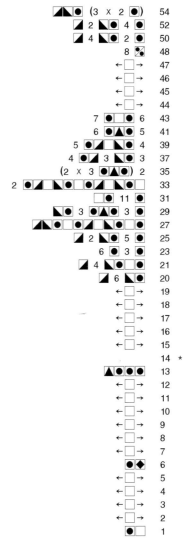

* = på omgang 14 strikkes der 9 masker i de 3
omslag fra omgang 13.

Slå 9 masker op og strik 1 omgang ret.
Alle ikke nævnte omgange strikkes ret.

Valde

Valde

Afhækles således: samhækkel 5 masker + 5 luftmasker, 5 masker + 5 luftmasker, 4 masker + 5 luftmasker, 5 masker + 5 luftmasker, 5 masker + 5 luftmasker ((4 masker + 5 luftmasker) x 15) 3 masker + 5 luftmasker ((4 masker + 5 luftmasker) x 15)

Strikket i DMC Babylo nr. 30
Garnforbrug ca. 160 gr
Måler udspændt ca. 97 cm
1 sæt strømpepinde nr. 1.5
1 rundpind nr. 1.5 på 40, 60, 80 og 100 cm
1 hæklenål nr. 1.25

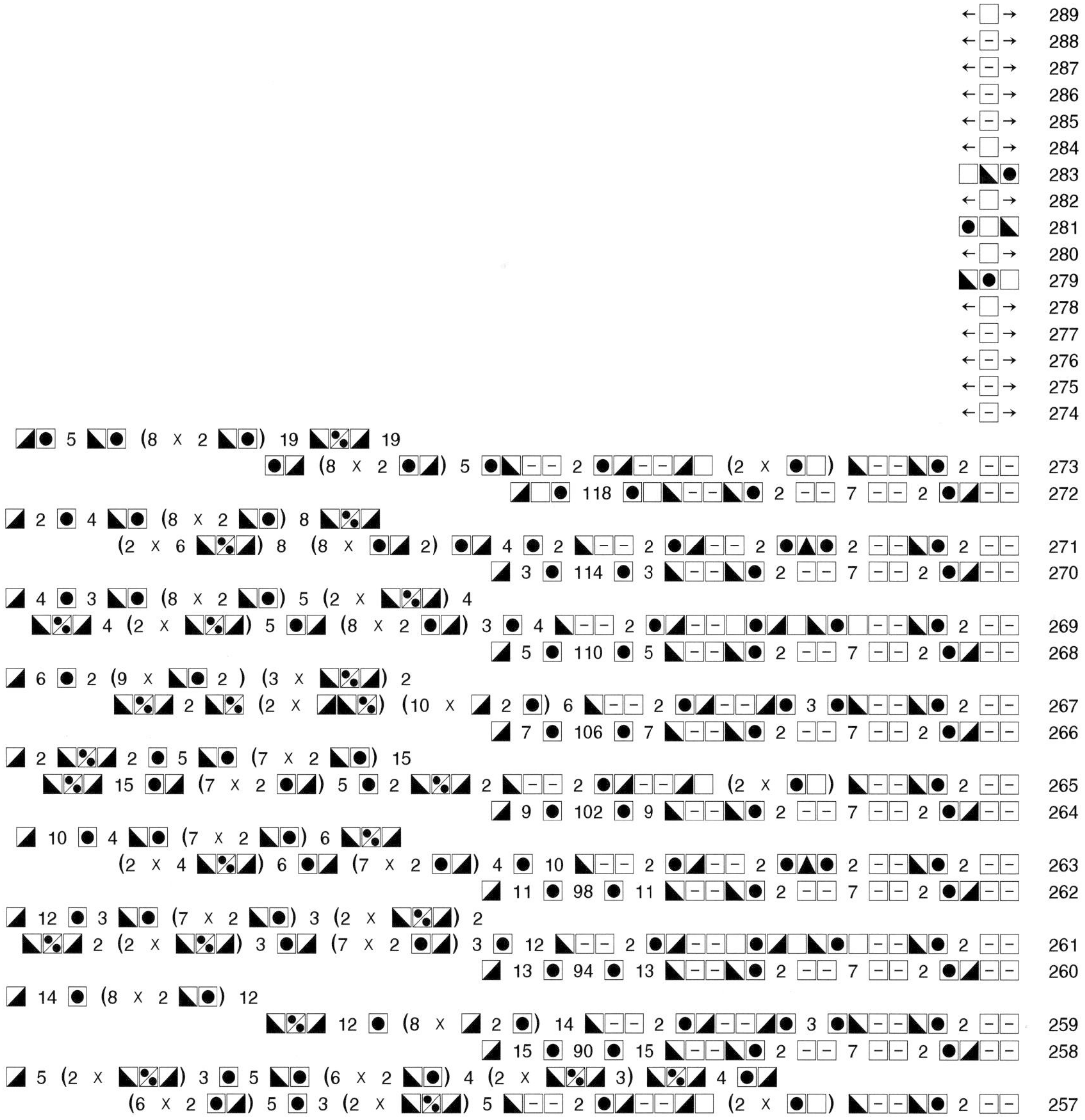

← □ → 289
← - → 288
← - → 287
← - → 286
← - → 285
← - → 284
283
← □ → 282
281
← □ → 280
279
← □ → 278
← - → 277
← - → 276
← - → 275
← - → 274

273
272
271
270
269
268
267
266
265
264
263
262
261
260
259
258
257

73

17 ● 86 ● 17 — 2 — 7 — 2 — 256
9 5 ● 4 (6 x 2) 10 10 255
(6 x 2) 4 ● 5 9 — 2 — 2 ● ● 2 — 2 — 255
19 ● 82 ● 19 — 2 — 7 — 2 — 254
20 ● 3 (6 x 2) 3 (2 x 2) 3
(6 x 2) 3 ● 20 — 2 — ● — 2 — 253
21 ● 78 ● 21 — 2 — 7 — 2 — 252
22 ● (7 x 2) 8 8 (7 x 2) ● 22 — 2 — ● 3 ● — 2 — 251
23 ● 74 ● 23 — 2 — 7 — 2 — 250
24 ● 5 (5 x 2) 7 7
(5 x 2) 5 ● 24 — 2 — (2 x ●) — 2 — 249
25 ● 70 ● 25 — 2 — 7 — 2 — 248
7 (2 x) 11 ● 4 (5 x 2) 6 6
● (5 x 2) 4 ● 11 (2 x) 7 — 2 — 2 ● ● 2 — 2 — 247
27 ● 66 ● 27 — 2 — 7 — 2 — 246
11 13 ● 3 (5 x 2) 5 5 ● (5 x 2) 3
● 13 11 — 2 ● — ● — 2 — 245
29 ● 62 ● 29 — 2 — 7 — 2 — 244
30 ● (6 x 2) 4 4 (6 x 2) ● 30 — 2 — — 2 — 243
31 ● 58 ● 31 — 2 — 7 — 2 — 242
32 ● 5 (4 x 2) 3 3 (4 x 2) 5
● 32 — 2 — (2 x ●) — 2 — 241
6 23 54 ● 23 6 — 2 — 7 — 2 — 240
34 ● 4 (3 x 2) 6 6 ● (3 x 2) 4
34 — 2 ● — 2 ● ● 2 — 2 — 239
6 (2 x) 21 ● 50 ● 21 (2 x) 6 — 2 — 7 — 2 — 238
36 ● 3 (3 x 2) 5 5 ● (3 x 2) 3
● 36 — 2 — ● — 2 — 237
10 23 ● 46 ● 23 10 — 2 — 7 — 2 — 236
38 ● (4 x 2) 4 4 (4 x 2) ● 38 — 2 — ● 3 ● — 2 — 235
39 ● 42 ● 39 — 2 — 7 — 2 — 234
23 13 ● 5 (2 x 2) 3 3 ● (2 x 2) 5
● 13 23 — 2 — ● — (2 x ●) — 2 — 233
41 ● 38 ● 41 — 2 — 7 — 2 — 232
23 (2 x) 11 ● 4 (3 x 2) (3 x 2) 4
● 11 (2 x) 23 — 2 — 2 ● ● 2 — 2 — 231
43 ● 34 ● 43 — 2 — 7 — 2 — 230
27 13 ● 3 (2 x 2) (2 x 2) 3
● 13 27 — 2 — ● — 2 — 229
46 ● 30 ● 46 — 2 — 7 — 2 — 228
27 (2 x) 11 ● (2 x 2) 4 4 (2 x 2
●) 11 (2 x) 27 — 2 — ● 3 ● — 2 — 227
46 ● 26 ● 46 — 2 — 7 — 2 — 226
29 13 ● 5 3 3 ● 5 ● 13
29 — 2 — (2 x ●) — 2 — 225
46 ● 22 ● 46 — 2 — 7 — 2 — 224
46 ● 4 2 2 ● 4 ● 46 — 2 — 2 ● ● 2 — 2 — 223
46 ● 18 ● 46 — 2 — 7 — 2 — 222
46 ● 3 3 ● 46 — 2 — ● — 2 — 221
46 ● 14 ● 46 — 2 — 7 — 2 — 220
15 27 ● 4 4 ● 27 15 — 2 — ● 3 ● — 2 — 219
46 ● 10 ● 46 — 2 — 7 — 2 — 218
13 (2 x) 25 ● 2 2 ● 25 (2 x) 13
— 2 — (2 x ●) — 2 — 217
46 ● 6 ● 46 — 2 — 7 — 2 — 216
15 27 ● 27 15 — 2 — 2 ● ● 2 — 2 — 215
96 — 2 — 7 — 2 — 214
13 (2 x) 26 26 (2 x) 13 — 2 — ● ● — 2 — 213

74

Valde forsat …

◢● 90 ●◣–‒◣● 2 ‒– 7 –‒ 2 ●◢▱‒–   212
◢–● 12 ◣⦁◪◢ 10 ◣⦁◪◢ (2 x 12 ◣⦁◪◢) 10 ◣⦁◪◢ 12

● ◣–‒ 2 ●◢▱‒–◢● 3 ●◣–‒◣● 2 –‒   211
◢● 2 86 ● 2 ◣–◣● 2 –‒ 7 –‒ 2 ●◢▱‒   210
◢ 3 ● 22 (2 x ◣⦁◪◢) 10 ◣⦁◪◢ 10 (2 x ◣⦁◪◢) 22 ● 3

◣–‒ 2 ●◢▱‒–◢ (2 x ●) ◣–‒◣● 2 –‒   209
◢● 4 82 ● 4 ◣–◣● 2 –‒ 7 –‒ 2 ●◢▱‒   208
◢ 5 ● 18 ◣⦁◪◢ 4 ◣⦁◪◢ (2 x 8 ◣⦁◪◢) 4 ◣⦁◪◢ 18

● 5 ◣–‒ 2 ●◢▱‒– 2 ●◢▱● 2 –‒◣● 2 –‒   207
◢● 6 78 ● 6 ◣–◣● 2 –‒ 7 –‒ 2 ●◢▱‒   206
◢ 7 ● 14 ◣⦁◪◢ (2 x 2 ◣⦁◪◢) (2 x 6 ◣⦁◪◢) (2 x 2 ◣⦁◪◢)

14 ● 7 ◣–‒ 2 ●◢▱‒– ●◢▱ ◣●–‒–◣● 2 –‒   205
◢● 8 74 ● 8 ◣–◣● 2 –‒ 7 –‒ 2 ●◢▱‒   204
◢ 9 ● 10 ◣⦁◪◢ 2 (2 x ◣⦁◪◢) 2 ◣⦁◪◢ (2 x 4 ◣⦁◪◢) 2

(2 x ◣⦁◪◢) 2 ◣⦁◪◢ 10 ● 9 ◣–‒ 2 ●◢▱‒–◢● 3 ●◣–‒◣● 2 –‒   203
◢ 10 ● 70 ● 10 ◣–◣● 2 –‒ 7 –‒ 2 ●◢▱‒   202
◢ 11 ● 10 ◣⦁◪◢ (2 x 2 ◣⦁◪◢) (2 x 6 ◣⦁◪◢) (2 x 2 ◣⦁◪◢)

10 ● 11 ◣–‒ 2 ●◢▱‒– (2 x ●) ◣–‒◣● 2 –‒   201
◢ 12 ● 66 ● 12 ◣–◣● 2 –‒ 7 –‒ 2 ●◢▱‒   200
◢ 13 ● 10 ◣⦁◪◢ 4 (2 x ◣⦁◪◢ 8) ◣⦁◪◢ 4 ◣⦁◪◢ 10

● 13 ◣–‒ 2 ●◢▱‒– 2 ●◢▱● 2 –‒◣● 2 –‒   199
◢ 14 ● 62 ● 14 ◣–◣● 2 –‒ 7 –‒ 2 ●◢▱‒   198
◢ 5 ◣⦁◪◢ 6 ● 10 (2 x ◣⦁◪◢) 10 ◣⦁◪◢ 10 (2 x ◣⦁◪◢)

10 ● 6 ◣⦁◪◢ 5 ◣–‒ 2 ●◢▱‒– ●◢▱ ◣●–‒–◣● 2 –‒   197
◢ 16 ● 58 ● 16 ◣–◣● 2 –‒ 7 –‒ 2 ●◢▱‒   196
◢ 5 (2 x ◣⦁◪◢) 4 ● 10 ◣⦁◪◢ (2 x 12 ◣⦁◪◢) 10 ● 4 (2 x ◣⦁◪◢)

5 ◣–‒ 2 ●◢▱‒–◢● 3 ●◣–‒◣● 2 –‒   195
◢ 18 ● 54 ● 18 ◣–◣● 2 –‒ 7 –‒ 2 ●◢▱‒   194
◢ 9 ◣⦁◪◢ 6 ● 24 ◣⦁◪◢ 24 ● 6 ◣⦁◪◢ 9 ◣–‒ 2 ●◢▱‒–◢ (2 x ●) ◣–‒◣● 2 –‒   193
◢ 20 ● 50 ● 20 ◣–◣● 2 –‒ 7 –‒ 2 ●◢▱‒   192
◢ 9 (2 x ◣⦁◪◢) 4 ● 22 ◣⦁◪◢ 22 ● 4 (2 x ◣⦁◪◢) 9 ◣–‒ 2

●◢▱‒– 2 ●◢▱● 2 –‒◣● 2 –‒   191
◢ 22 ● 46 ● 22 ◣–◣● 2 –‒ 7 –‒ 2 ●◢▱‒   190
◢ 13 ◣⦁◪◢ 6 ● 12 ◣⦁◪◢ (2 x 4 ◣⦁◪◢) 12 ● 6 ◣⦁◪◢ 13 ◣–‒ 2

●◢▱‒– ●◢▱ ◣●–‒–◣● 2 –‒   189
◢ 24 ● 42 ● 24 ◣–◣● 2 –‒ 7 –‒ 2 ●◢▱‒   188
◢ 25 ● 18 ◣⦁◪◢ 18 ● 25 ◣–‒ 2 ●◢▱‒–◢● 3 ●◣–‒◣● 2 –‒   187
◢ 26 ● 38 ● 26 ◣–◣● 2 –‒ 7 –‒ 2 ●◢▱‒   186
◢ 27 ● 16 ◣⦁◪◢ 16 ● 27 ◣–‒ 2 ●◢▱‒– (2 x ●) ◣–‒◣● 2 –‒   185
◢ 28 ● 34 ● 28 ◣–◣● 2 –‒ 7 –‒ 2 ●◢▱‒   184
◢ 9 ◣⦁◪◢ 16 ● 14 ◣⦁◪◢ 14 ● 16 ◣⦁◪◢ 9 ◣–‒ 2 ●◢▱‒– 2 ●◢▱● 2 –‒   183
◢ 30 (2 x ● 30) ◣–◣● 2 –‒ 7 –‒ 2 ●◢▱‒   182
◢ 11 ●◢▱● 16 ● 12 ◣⦁◪◢ 12 ● 16 ●◢▱● 11 ◣–‒ 2 ●◢▱‒– ●◢▱ ◣●–‒–◣● 2 –‒   181
◢ 32 ● 26 ● 32 ◣–◣● 2 –‒ 7 –‒ 2 ●◢▱‒   180
13 ●◢▱ 2 ◣● 15 ● 10 ◣⦁◪◢ 10 ● 15 ●◢▱ 2 ◣● 13 ◣–‒ 2 ●◢▱‒–◢● 3 ●◣–‒◣● 2 –‒   179
◢ 34 ● 22 ● 34 ◣–◣● 2 –‒ 7 –‒ 2 ●◢▱‒   178
11 ◢●– ◢◪◣ ●◣ 13 ● 8 ◣⦁◪◢ 8 ● 13 ◢●– ◢◪◣ ●◣ 11

–‒ 2 ●◢▱‒–◢ (2 x ●) ◣–‒◣● 2 –‒   177
34 ● 18 ● 34 –‒◣● 2 –‒ 7 –‒ 2 ●◢▱‒   176
12 ◢● 4 ●◣ 14 ● 6 ◣⦁◪◢ 6 ● 14 ◢● 4 ●◣ 12 –‒ 2 ●◢▱‒ 2 ●◢▱● 2 –‒◣● 2 –‒   175
34 ● 14 ● 34 –‒◣● 2 –‒ 7 –‒ 2 ●◢▱‒   174
13 ◢● 2 ●◣ 15 ● 4 ◣⦁◪◢ 4 ● 15 ◢● 2 ●◣ 13 –‒ 2 ●◢▱‒– ●◢▱ ◣●–‒–◣● 2 –‒   173
34 ● 10 ● 34 –‒◣● 2 –‒ 7 –‒ 2 ●◢▱‒   172
14 ◢⦁◪◣ 16 ● 2 ◣⦁◪◢ 2 ● 16 ◢⦁◪◣ 14 –‒ 2 ●◢▱‒–◢● 3 ●◣–‒◣● 2 –‒   171
34 ● 6 ● 34 –‒◣● 2 –‒ 7 –‒ 2 ●◢▱‒   170
34 ●◣⦁◪◢● 34 –‒ 2 ●◢▱‒–◢ (2 x ●) ◣–‒◣● 2 –‒   169
72 –‒◣● 2 –‒ 7 –‒ 2 ●◢▱‒   168
35 ◪ 35 –‒ 2 ●◣–‒– 2 ●◢▱● 2 –‒◣● 2 –‒   167

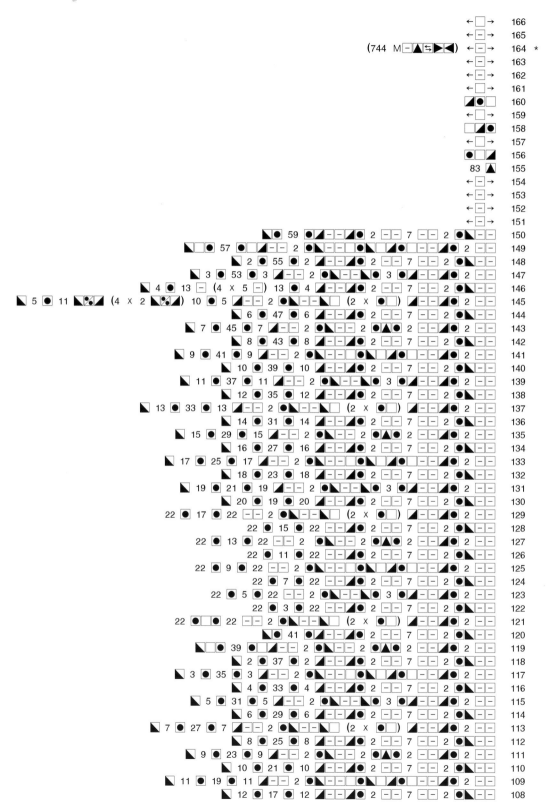

107
106
105
104
103
102
101
100
99
98
97
96
95
94
93
92
91
90
89
88
87
86
85
84
83
82
81
80
79
78
77
76
75
74
73
72
71→7 M
70
69
68
67
66
65
64
63
62
61
60
59
58
57
56
55
54
53
52
51
50
49

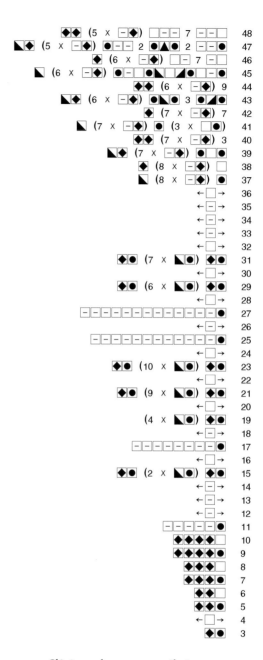

Slå 8 masker op og strik 2 omgang ret.
Alle ikke nævnte omgang strikkes ret.

* = på omgang 164 tags 72 masker ud = 744 masker.

Verner II

Afhækles således: 5 masker sammen
med 7 luftmasker imellem.

Strikket i DMC Babylo nr. 30
Garnforbrug ca. 35 gr
Måler udspændt ca. 42 cm
1 sæt strømpepinde nr. 1.5
1 rundpind nr. 1.5 på 40 og 60 cm
1 hæklenål nr. 1.25

102 → 2 M
101
99
97
95
93
91
89 → 7 M
87
85
83
81
79
77
75
73
71 → 7 M
69
67
65
63
61
59
57
55 → 5 M
53
51
49
47
45
43
42
41
40
39
38 *
37

Chart	Row
←□→	36
←□→	35
←□→	34
▨◣	33
←□→	32
▨◣	31
←□→	30
●◣	29
←□→	28
●◣	27
←□→	26
●◣	25
←□→	24
←□→	23
←□→	22
←□→	21
←□→	20
←□→	19
▨◣	18
←□→	17
●◣	16
←□→	15
←□→	14
←□→	13
←□→	12
←□→	11
←□→	10
□●	9
←□→	8
←□→	7
←□→	6
□●	5
←□→	4
←□→	3
←□→	2
□●	1

Slå 8 masker op og strik 1 omg. ret.
Alle ikke nævnte omg. strikkes ret.

* = på omgang 38 tages 12 masker ind jævnt fordelt til 180 masker.